Joseph KULEWA MUTINDI WA KITAMBALA
Jean-Pierre SINAWAZO KITAMBALA

De l'histoire de Bagana Ntondo de Kilubi-Ntumba

Joseph KULEWA MUTINDI WA KITAMBALA
Jean-Pierre SINAWAZO KITAMBALA

De l'histoire de Bagana Ntondo de Kilubi-Ntumba

Éditions Croix du Salut

Imprint
Any brand names and product names mentioned in this book are subject to trademark, brand or patent protection and are trademarks or registered trademarks of their respective holders. The use of brand names, product names, common names, trade names, product descriptions etc. even without a particular marking in this work is in no way to be construed to mean that such names may be regarded as unrestricted in respect of trademark and brand protection legislation and could thus be used by anyone.

Cover image: Fourni par l'auteur

Publisher:
Éditions Croix du Salut
is a trademark of
International Book Market Service Ltd., member of OmniScriptum Publishing Group
17 Meldrum Street, Beau Bassin 71504, Mauritius

Printed at: see last page
ISBN: 978-613-7-37290-6

Joseph KULEWA MUTINDI WA KITAMBALA

DE L'HISTOIRE DE BAGANA NTONDO DE KILUBI-NTUMBA

Edition 2020

DEDICACE

A tous ceux que la terre cache et que mon cœur voit ;

A ma femme ;

A mes enfants coupés du terroir ;

Je dédie cette modeste contribution

PREFACE

QUOD AD JUS NATURALE ATTINET, OMNES HOMINES AEQUALE SUNT (pour ce qui touche au droit naturel, tous les hommes sont égaux).

Le monde est si grand et si petit à la fois que tout être humain peut y survivre ou s'y perdre, disent nos Anciens, adeptes de la philosophie dite « bantoue ». Et ils sont convaincants et poursuivent selon leur logique métaphysique en rappelant ceci : l'intelligence liée à l'instinct développe dans l'être humain des réactions qui se traduisent différemment dans chacun de nous.

Il a fallu plusieurs décennies pour comprendre les paroles de « vieux » allongés sur leurs chaises longues, autour d'un petit feu activé au fur et à mesure que ces personnes âgées racontent les histoires traditionnelles. Un adage HEMBA dit : « la bouche de vieux est malodorante mais aucun mensonge n'en sort ». Ainsi la tradition et la généalogie de notre village ont été dégainées pendant que les jeunes suivaient attentivement tout ce qui se disait. Ceci a poussé mon grand-frère, d'écrire ce livre afin d'éclairer l'opinion, de retracer la généalogie de notre village en général, et de notre famille en particulier ; de produire un document de base pouvant aider nos enfants à s'approprier notre histoire ; à connaitre notre identité et origine. Que ceux qui connaissent apprennent à se ressouvenir et que les ignorants aient la connaissance.

Jean-Pierre SINAWAZO KITAMBALA

INTRODUCTION

Les scènes vécues dans les centres d'enrôlement dans notre pays lors des présidentielles de l'année 2006 m'ont poussé à rédiger cette contribution. Même au niveau de l'université, des étudiants n'arrivaient pas à remplir correctement leurs fiches d'identité. Ils confondaient les termes : localité – groupement – collectivité - tribu ... ils ignoraient tout de leurs origines. Bref, ils sont perdus. Et comme pour flatter leur égarement, ils appellent cela civilisation, modernisation, mondialisation. Et tout ce qui est tradition : sauvagerie, sorcellerie, barbarie,...

Pendant ce temps, le Belge s'identifie Wallon ou Flamand. Il n'y a pas de honte à cela. Je voudrais aider mes enfants à retrouver leur identité, leurs origines, à faire la différence entre (KITOFU) c'est-à-dire leur appartenance à la lignée patrilinéaire et le (KILONGO), leur appartenance à la lignée matrilinéaire. Le faisant, je n'ai nullement l'intention de refaire l'histoire du BUHEMBA, encore moins celle de BENA-NKUVU, mais bien celle de la famille BAGANA NTONDO de KILUBI NTUMBA.

Comme principales sources d'informations, je pars de mes parents KITAMBALA CHA NZOVA, HABIBU MUTAMBA, BALIMWACHA KASANZA, de mon grand frère KAYUMBA CHUY dit MWANA KASONGO LUKOMBO, de mes cousins KAMWANGA SEFU dit de Quartier et MALONGOFYA LEMBA LEMBA.

En complément, je me suis inspiré de l'étude ethnologique « BAHEMBA » du RP. JOSEPH DE JAEGER, ancien curé de SOLA. Il faut noter que l'étude de ce prêtre, bien qu'entachée de beaucoup d'incohérences, lesquelles incohérences étaient surtout liées aux humeurs de ses sources, constitue un travail très louable.

Ainsi, partant de l'aventure de LUBUSU avec sa tortue « KAKUVU », ce révérend Père blanc fait une différence entre les BENA NKUVU, c'est-à-dire des groupes autochtones habitant la chefferie et les BAZILA NKUVU, c'est-à-dire des groupes associés par LUBUSU dans l'histoire de la fameuse tortue trouvée à la source de la rivière KASWASWA. Dans ces derniers groupes, on trouve les BAZILA KONI de KANKUNDE, les BAZILA SENGELE de KAHAMBO-KILUMBU, les BAZILA MPUKU de MUGIZYA, les BAZILA NZOVU de KALENGA, les BAZILA NYOKA de MIFUTU et les BAZILA MALA de KINGULUNGU. Ces derniers groupes ne sont pas autorisés à consommer de la tortue. Après cette parenthèse, passons à l'objet de notre contribution qu'est « L'histoire de BAGANA NTONDO de KILUBI-NTUMBA ».

Notez que contrairement à une certaine rumeur qui laisse croire que les fils de LUBUSU auraient perdu le sultanat de la chefferie NKUVU à partir d'un certain BARTHELEMIE de SOLA qui aurait trompé son oncle à KANKUNDE, l'histoire ne nous cite pas un seul descendant de LUBUSU qui avait présidé aux affaires de la collectivité comme chez les BAGANA MUYUMBA, c'est-à-dire les fils de MUYUMBA dont KILUNDWILA et KINKANDA.

Les BAGANA MUYUMBA, on les trouve à SOLA, à KILUBI MUKELENGE TAMBWE, à NDOLANGA et à NKANDA.

Leur dissidence serait à la base de la présence des arabes esclavagistes dont EBELI dans la chefferie de BENA NKUVU.

Parmi les descendants de MUYUMBA, nombreux sont ceux qui ont géré les destinées de la chefferie. C'est notamment :

-NGOY MASENGO, arrêté et acheminé à KASONGO par l'arabisé AMBARI ;

-KIFINDULA LUHEMBWE ;

-SOLA BUSANGU KAMWANGA ;

-KALINDULA, mort peu après son intronisation ;

-MWAMBA, mort de variole à la prison de KASONGO ;

-KIPANYA, arrêté et déporté par les blancs coloniaux à KIYAMBI où il est mort en prison ;

-SHENDEKA MWANA NGONGO, mort en prison à KONGOLO ;

-SOLA KITENGE CHA MUTANDE, déporté à LUKONZOLWA et décédé à KIAMBI ;

-SOLA KITANTI, révoqué et remplacé par quelqu'un de KILUBI pour avoir incendié le village de KAHAMBO ;

-MUNGOMBA SUBU, mort en 1928 ;

-SOMENE NDOBEZYA, dit LUHEMBWE LWA MAHOLE révoqué en 1942 ;

-KAYEMBE MANDEFU ALBERT, investi en 1943 ;

-KAYEMBE KA NYOTA JACQUES ALBERT dit MBILINGAMBILINGA ; mort au BUHOMBO à la recherche de l'or.

-SOLA KALINGA MWINE CHINTU ;

-SUBU de KILUBI, actuellement au pouvoir.

Je voudrais demander l'indulgence des lecteurs pour cet anachronisme dû au manque des documents écrits !

Notez aussi que chez les BAHEMBA en général, ceux qui ont géré ou gèrent les chefferies ou groupements ne le sont pas parce qu'ils avaient soumis les autres groupes mais tout simplement parce qu'ils avaient été de ceux qui, les premiers, étaient entrés en contacts avec le blanc colonial pendant que les autres se cachaient, cela explique l'inexistence du système de vassalité, de grand chef. D'où l'importance accordée à la famille, au clan. Pour signaler cette indépendance, il y a l'adage « KILA MUZUNGU NA MEZA YAKE » pour dire chacun est chef chez lui.

DE L'HISTOIRE DE BAGANA NTONDO DE KILUBI NTUMBA.

KILUBI NTUMBA est une localité située dans la partie Nord du territoire de KONGOLO, au croisement des routes KONGOLO vers KABAMBARE et SOLA vers KALENGA, KILUMBU dans la collectivité de BENA-NKUVU, en territoire de KONGOLO, au nord de la Province du TANGANIKA.

L'histoire que je vais vous raconter décrit la genèse de ladite localité et ses habitants. A l'époque des mouvements migratoires, lesquels mouvements se faisaient souvent du Nord vers le Sud, notre ancêtre serait parti de « LWAMA » et « LULINDI », deux rivières parallèles qui se jettent dans le fleuve Lualaba dans la province du Maniema. Il s'appelait MUHIYA. Sa femme se nommait MWANGE. Ils avaient deux fils : NTONDO MU CHISANGA et NTONDO MU CHISEGELE. Notez que le but de tous ces mouvements migratoires était l'acquisition de nouvelles terres. C'était la loi du premier occupant.

Parti de LWAMA et LULINDI avec ses deux enfants, le couple MUHIYA est arrivé au BUHOMBO, chez BENDERA où il s'est reposé un moment.

Poursuivant son voyage, il a traversé la rivière LWIKA pour venir s'établir dans la localité de KILEMBWE, dans la collectivité de MAMBWE. C'est là que l'ancêtre MUHIYA mourut et fut enterré. Peu de temps après, les deux enfants et leur mère continuèrent leur voyage jusqu'à la localité de LUBINGA, dans la collectivité de NYEMBO. C'est là que mourut et enterrée leur mère MWANGE. Après un moment de répit, les deux enfants poursuivirent leur exploitation jusque dans la collectivité de BENA-NKUVU, chez KATASHA KIMINDA dans la localité KILUMBU. C'est là qu'ils ont commencé à se reproduire.

L'aîné de deux enfants, NTONDO MU CHISANGA, s'est marié à MAGANGA, de qui il a eu quatre enfants qui sont :

1. MUSIMPO WA NTONDO
2. MUGOMBA WA NTONDO
3. LUSINDE LWA NTONDO
4. KAKONDE KA NTONDO

Son petit-frère, NTONDO MU CHISEGELE n'eut qu'un seul enfant : KASANGA KA NTONDO.

VOICI L'ARBRE GENEALOGIQUE QUE NOUS ALLONS EXPLOITER

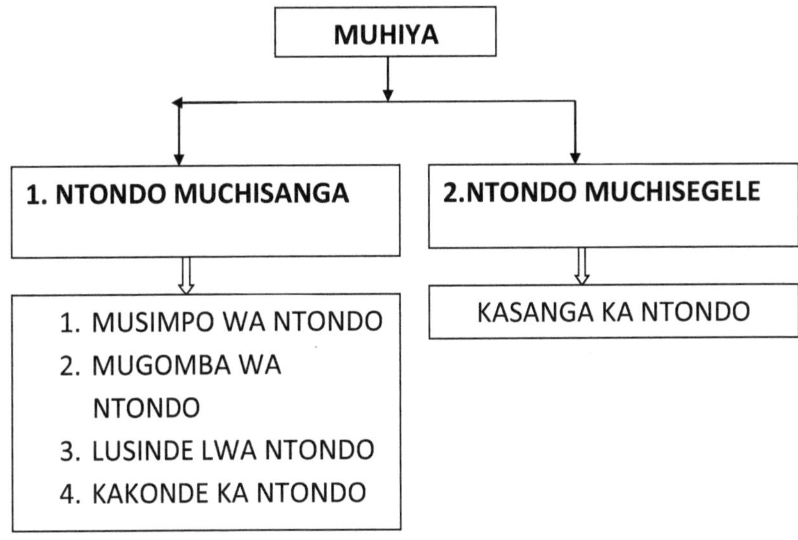

A partir de la localité de KILUMBU, les deux frères se sont mis à la quête des terres. C'est dans cette localité que les deux frères sont décédés et enterrés à KAGHOMA, à la source de la rivière NGOMBE-ZIBA.

Ainsi, MUSIMPO WA NTONDO, MUGOMBA WA NTONDO, KAKONDE KA NTONDO et leur frère KASANGA KA NTONDO quittèrent KILUMBU pour aller s'établir dans la savane MAGUMBU-GUMBU, près de la source de la rivière CHIMBUGA. Cette savane appartenait à LUBUSU.

De leur beau-père Kabeya, de la localité CHONDE, dans la collectivité de MUHONA, ils ont acquis la savane KAMBUZI. C'est là que résidèrent MUSIMPO WA

NTONDO et MUGOMBA WA NTONDO avec leurs familles. Tandis que leurs frères KASANGA KA NTONDO et KAKONDE KA NTONDO remontèrent la rivière LUFANDO pour s'établir à la source de la rivière MUTUMBA.

Les enfants de KASANGA KA NTONDO acquirent de leur beau-père KAHAMBO KILUMBU, la savane MITONDO, aujourd'hui appelée LOBA. L'un d'eux avait épousé MAMBA KAHAMBO, la fille de KAHAMBO KILUMBU ; c'est le groupe de la localité KASANGA dont une partie est établie à MIFUTU.

Ainsi, KAKONDE KA NTONDO poursuivit sa route jusqu'à YAYI, dans la collectivité de YAMBULA, chez MITONGA MAMBA et MASENGO MAMBA. C'est là qu'il résida et se maria. Il n'avait pas eu de savane dans la collectivité de BENA-NKUVU.

Dans l'entre temps, LUSINDE LWA NTONDO resté à KILUMBU s'est marié à deux femmes. La première s'appelait MWIMANI, originaire de NGHEMBWA KAGULU, de l'autre coté de la RIVIERE LWIKA, en territoire de KABAMBARE, région du MANIEMA. De ce mariage est né KITENGE CHA LUSINDE, toujours à KILUMBU. Notez en passant que LUSINDE fut un grand chasseur. C'est dans cette activité, aidé par leur beau-père KAHAMBO KILUMBU, qu'il va trouver une savane inhabitée qu'il surnomma KABENGA MULEMBWE, actuelle savane de KILUBI. La suite de l'histoire nous dira pourquoi ce changement des noms. En outre, il y a lieu de signaler que l'actuelle localité de KILUBI MUKELENGE NTAMBWE, chef lieu de la chefferie de BENA-NKUVU, est ainsi appelée car située dans la savane KILUBI.

La tradition rapporte que lors de ses campagnes de chasse, LUSINDE fut hanté par des esprits « MIZIMU » ou « MIKISI » qui habitaient les lieux ci-après :

- KABENGA MULEMBWE
- MUGUNGA KABANDAME
- GULU TENTA
- GUMBILWA

A la suite de ces événements, LUSINDE quitta KILUMBU pour s'installer à la source des rivières NTUMBA et Kandibu. Il y a été avec sa deuxième femme MANDI. De ce mariage est né MUTOMUKULU KITENGE. Ce dernier s'est marié à KABIKA KA KISANKILA, de la localité NGULU, actuelle NSOGO. Ils avaient eu un fils MFA BANA qui, à son tour, s'est marié à MPEMBA MAGELA, de la localité KIHOLE, collectivité BALUBA YA BUKI. Ils ont eu cinq enfants dont :

- CHIGALU CHA MFA BANA
- MALUVU GA MFA BANA
- KABIKA KA MFA BANA
- LUKWATA LWA MFA BANA
- KASEMWANA KABALE dit KAMWANGA KA MPEMBA

La nouvelle localité fut appelée « chez KITENGE CHA LUSINDE KU MBUBU YA KWI TUMBA ».

MFABANA fut suivi par beaucoup de gens venus d'ailleurs pour diverses raisons que nous éluciderons par la suite avec leurs origines. En attendant, voici l'arbre généalogique de LUSINDE LWA NTONDO : avec ses deux femmes MWIMANI et MANDI.

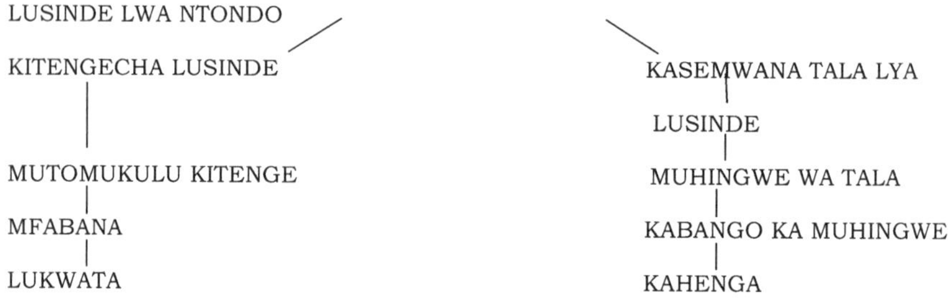

Ainsi, la deuxième femme de LUSINDE a donné naissance à KASEMWANA TALA LYA LUSINDE. Ce dernier a eu un fils, MUHINGWE WA TALA qui engendra KABANGO KA MUHINGWE. Celui-ci s'est marié à MULOYE ; ils ont eu deux enfants dont un garçon, KAHENGA et une fille, MUSOGA. KAHENGA a eu trois enfants dont KIBOTE, MAYUTO et MUGIMBA MWANA NYEMBO. Sa sœur MUSOGA s'est mariée à YAYI, dans la chefferie de YAMBULA, où elle a eu deux enfants qui sont BWANA LENGWE et BWANA MIKOMBE.

BWANA LENGWE n'a eu que cinq filles qui sont :

1. MAMBA, la mère d'Ambroise KABOLO, MULANGI et KIGULU ;
2. MULOYE, la mère de NYEMBO et TITI de la localité KABIKA-MIFUTU ;
3. BUZILU, la mère de LITONO de la localité KAHENGA ;
4. FEZA, la mère de TITO et KABAMBA ;
5. KAHENGA KA MWANGE FANGA, la mère de MASIMANGO et de MULOYE. BWANA MIKOMBE engendra MUKUTA qui, à son tour, engendra MPUNDU et MAYANI. Ce sont les neveux de KAHENGA, le grand-père de MWALIMU ALPHONSE

KABUYU, lui-même père de MWALIMU YAKOBO MWANA NGONGO. Ce dernier est le père de DEO, DOMINIQUE, GREGOIRE et KIBWE.

KASEMWANA LUHEMBWE TALA avait sa localité au confluent des rivières MUKALAYI et SUMBWE. On appelait cette localité « chez KASEMWANA LUHEMBWE KU LUSENGA », tandis que l'autre coté était appelé « chez KITENGE CHA LUSINDE KUINTUMBA ». C'est de cette localité que nous allons parler dans les lignes qui suivent.

DE LA LOCALITE « MBUBU KWI NTUMBA »

KITENGE CHA LUSINDE, comme nous l'avions annoncé, avait été suivi par son oncle KASENGO KA NTUNDU, le petit-frère de sa mère MWIMANI. Ce dernier était joueur d'un petit instrument de la musique traditionnelle appelé « LINKIMBI ». En plus de son oncle, il y avait aussi son beau-frère, NTUMBA MUTEBA, de la localité NDOZI MUTI. Ce dernier était marié à sa sœur MBWESE. De ce mariage est né KABANDAME.

Un jour, KITENGE CHA LUSINDE eut la visite de deux chasseurs, en la personne de LYEMO LYA MUGALU MPUYA et de KALENGA KA MBULI. Ils provenaient de la localité KAMBOGO, chez TSHALA, dans la collectivité de YAMBULA. En chassant, ils étaient passés chez KANTU KA NYANGA à NSASA. Là, ils ont été invités par MAGOYO de KILUMBU. C'était dans cette randonnée qu'ils étaient arrivés chez KITENGE CHA LUSINDE. Hôtes de ce dernier, ils chassaient et lui payaient le tribut (Mulambu).

Quelques jours après, le chasseur KALENGA KA MBULI quitta la localité NTUMBA pour aller s'installer à SOLA où il épousa KABIKA, la fille de MUKUTA de KABWIBWA.

Dans l'entretemps LYEMO, resté chez KITENGE CHA LUSINDE, tua un animal, une sorte d'antilope géante appelée « TOLWE ». Au lieu de payer le tribut, part reconnue au propriétaire terrien comme l'exigeait la coutume, c'est-à-dire une patte et la poitrine, LYEMO donna seulement la poitrine et alla donner la patte à son frère KALENGA KA MBULI à SOLA.

Vexé par ce geste de méconnaissance, KITENGE proféra des menaces à l'endroit de LYEMO, comme quoi si cette savane lui appartenait, il verrait ce qui lui arriverait. Ironie du sort, deux semaines après l'incident, un groupe de guerriers, connu sous le nom de BALUBA YA BUKI, en provenance de la collectivité de YAMBULA, devait passer par KILUMBU pour aller combattre les gens de KAHOYO KANTENGA BANTU, actuelle localité de KATEBA, dans la collectivité de BENA NKUVU. Tenez que KITENGE CHA LUSINDE était marié à MPEMBA MAGELA de la collectivité BALUBA YA BUKI. Dans l'équipe de guerriers se trouvait NYEMBO KALONDA et KAVANYA, les frères de MPEMBA MAGELA. Ceux-ci avaient demandé à leur beau-frère KITENGE de se mettre un moment à l'abri afin d'échapper au passage de guerriers ; ce qui fut fait.

KITENGE quitta avec les gens de son village et alla se cacher à la source de la rivière MIYUNGI, à la jonction des savanes KATIKALAKALA et l'actuelle savane de KILUBI.

Deux jours plus tard, KITENGE enverra LYEMO chasser les oiseaux dans le champ de sorgho « MABELE ». C'est là qu'il va être surpris par l'équipe de guerriers de retour de KAHOYO. Comme LYEMO détenait des flèches, les guerriers l'ont confondu avec les ennemis et l'ont abattu.

Ayant constaté que le temps passait, KITENGE envoya son neveu KABANDAME vérifier au champ pourquoi LYEMO tardait à rentrer. KABANDAME trouva LYEMO raide mort. Il ramena le deuil au lieu de la cache.

Face à ce décès, KITENGE CHA LUSINDE dépêcha KABANDAME annoncer la nouvelle chez KABANGO MUYUMBA à KAGULU BALENGE ; ensuite chez son frère KASEMWANA TALA au croisement des rivières LUSENGA et MUKALAY et enfin chez KALENGA KA MBULI à SOLA. Tous devaient se trouver dans la localité MBUBU KUINTUMBA.

C'est au cours de cette rencontre que KALENGA KA MBULI lancera l'expression « KATI PYO NZOVU SHU » qui signifie « on a entendu le craquement d'une brindille et l'éléphant s'éveille » que peut-on conclure ? Il ne s'est pas passé deux semaines que KITENGE CHA LUSINDE a eu mailles à partir avec LYEMO au sujet de tribut non payé. Aujourd'hui, ses beaux-frères viennent de tuer LYEMO, mon frère. C'est un coup monté.

Ainsi NTUMBA MUTEBA, MASENGO MUYUMBA, KASEMWANA LUHEMBWE TALA et KASENGO KA NTUNDU pour qui on a changé des noms pour devenir MUSONGE MU MBUBU YA KUI NTUMBA tinrent conseil et demandèrent à KITENGE CHA LUSINDE de se trouver deux esclaves dont un homme et une femme qui donneraient naissance à un enfant de sexe masculin en remplacement de LYEMO. En plus, il fallait, à l'aide d'une cérémonie, purifier la savane souillée par le sang de LYEMO. A la suite de quoi, la mort frappa le village désolé qui se dispersa.

C'est ainsi que LUKWATA se résolut de quitter la localité, va dire au revoir à KABANGO, le grand-père de MWALIMU ALPHONSE KABUYU, à MUSONGE MU MBUBU et à KALENGA KA MBULI à SOLA. Il leur annonça qu'il allait chez ses oncles à MUKINDA, actuelle localité de KEBA, en vue de trouver une solution au problème lui posé sur la mort de LYEMO. De la sorte, LUKWATA et sa mère MPEMBA partirent pour MUKINDA (KEBA), en chefferie de YAMBULA.

A MUKINDA NGONGO, actuelle KEBA, LUKWATA se maria à MUSOGA MULINDA, la fille de KABAMBA MULINDA de la localité KALULU MWENGE. De ce mariage, naquirent quatre enfants, à savoir :

1. MBWESE LUKWATA
2. KITENGE CHA LUKWATA KIHUYA
3. MAMBUSU GA LUKWATA
4. MWANA VITA WA LUKWATA.

C'est à MUKINDA (KEBA) que mourut LUKWATA, enterré sur l'ile de KAMUKALA. Dans l'entre-temps, les enfants restés à MUKINDA (KEBA) n'avaient pas toujours trouvé de quoi régulariser la situation sur la mort de LYEMO. Ils décidèrent de rentrer chez eux.

De retour chez eux, au lieu de s'installer dans la localité NTUMBA, ils s'établirent à la source de la rivière KAYEBA, non loin de la rivière CHALIMBA, lieu où se situait la localité de CHUNGU CHA MBWESE, actuelle localité de NSEBA.

Notez aussi que KITENGE CHA LUKWATA fut un guérisseur. Et c'est dans cette activité qu'il fut parti pour YAYI, soigner sa cousine MAMPANGALA GA KAYEMBELELE WA KAKONDE KA NTONDO.

Fort malheureusement, sa cousine trouva la mort. Sur le chemin de retour, KITENGE CHA LUKWATA est passé chez les enfants de NYEMBO KALONDA qui lui demandèrent les nouvelles de YAYI d'où il venait. Il leur annonça la mort de maman MAMPANGALA. Arrivé chez les enfants de CHUNGU CHA MBWESE, il leur annonça la même nouvelle. Cette annonce est le début d'une longue histoire que nous allons raconter dans la suite.

Et pour cause, KITENGE CHA LUSINDE entretenait des relations coupables avec MAMPANGALA, la femme de CHUNGU CHA MBWESE. Profitant de la confusion des noms, les enfants de CHUNGU CHA MBWESE se saisirent de KITENGE CHA LUKWATA, le ligotèrent avec menaces de le brûler vif, sous prétexte qu'il souhaitait la mort de leur mère MAMPANGALA. Ils lui promettaient la vie sauve à condition de leur céder une savane où ils enterreraient leur mère le jour de sa mort effective.

Devant ces menaces de mort, KITENGE demanda à CHUNGU CHA MBWESE s'il ne savait pas qu'il n'avait pas le droit de le tuer sur ses propres savanes. A ces propos, les enfants de CHUNGU affirmèrent qu'il leur avait cédé une terre où ils enterreraient leur mère MAMPANGALA. Ils le déligotèrent et le laissèrent partir pour KAYEBA où il résidait.

Une fois dans sa famille, KITENGE raconta sa mésaventure ! Dilemme ! La famille n'avait pas encore trouvé des solutions pour le compte du décès de LYEMO, maintenant elle vient de céder une savane aux enfants de CHUNGU CHA MBWESE ! Que faire et quelle honte ! L'équation devient difficile. Craignant la réaction de leurs frères, ils décidèrent de quitter nuitamment la localité de KAYEBA pour aller s'installer à KIYOMBO, chez leur oncle NGONGO MULINDA. C'est le groupe dont parle le

R.P. JOSEPH DE JAGER dans son étude ethnologique à la page 38.

Les enfants de TALA ne seront surpris seulement que lorsqu'ils verront les enfants de CHUNGU CHA MBWESE mettre le feu sur la savane. Ces derniers expliquèrent que leur frère KITENGE CHA LUSINDE fréquentait leur femme MAMPANGALA.

Surpris en flagrant délit et incapable de s'acquitter des amendes, il leur a cédé la savane. Cet incident est la cause du déplacement de la limite entre les chefferies NKUVU et YAMBULA de la rivière MUKALAYI à la colline KATALA.

Ainsi, de suite de ces agissements, les noms de savanes KABENGA MULEMBWE, CHALIMBA et GUMBILWA ont changé des noms pour devenir respectivement KILUBI et KASAWA. Cette dernière savane a été cédée aux enfants de CHUNGU CHA MBWESE de NSEBA, dans la collectivité de YAMBULA, pour des raisons sus-évoquées. De la sorte, pour n'avoir pas été dédommagés de la perte de leur grand-père LYEMO, les enfants de KALENGA KA MBULI sont considérés comme ayant droits sur la savane KILUBI. De ce fait, ils peuvent organiser le feu de brousse. C'est la famille MUSAFIRI à Sola

Aussi, la famille MUSONGE MU MBUBU organise le feu de la savane KILUBI à travers MUPENDA SHALI qui garde les esprits « MIZIMU » de la source de la rivière KANDIBU. Et l'histoire continue pour le groupe parti pour KIYOMBO.

LE RETOUR DE KIYOMBO POUR KILUBI-NORD

En 1950, MAYIBWE GA MAYONDE, de la localité KALENGA, avait abattu un buffle dans la savane KILUBI. Au lieu de payer le tribut à MWALIMU ALPHONSE KABUYU, il le donna à la famille MUHEMEDI MUKWINDI, sous prétexte qu'il ne reconnaissait pas ALPHONSE KABUYU comme propriétaire de ladite savane.

Irrité par ce geste, ALPHONSE KABUYU partit pour KIYOMBO contacter un de ses frères en la personne de HABIBU MUTAMBA. Il lui exprima sa crainte de perdre la savane en disant que si le neveu de son père ne le reconnaissait pas lui KABUYU, qu'adviendrait-il avec ceux qui étaient partis pour KIYOMBO ? Tenez que MUHEMEDI avait des liens maternels avec le père d'ALPHONSE KABUYU. Ce dernier ne s'expliquait pas cette attitude de reniement affichée par MUHEMEDI.

HABIBU dit à KABUYU ce qu'il pensait sur l'attitude de ses frères maternels. KABUYU résolut de porter plainte contre MUHEMEDI mais à condition que HABIBU acceptât d'être présent à la comparution.

L'affaire fut portée devant le Grand chef KAYEMBE MANDEFU. MUHEMEDI eut tort. C'est à partir de ce jour que KABUYU, devant HABIBU, ouvrit une fiche pour une localité. Et en 1952, MWALIMU ALPHONSE KABUYU et BALIMWACHA KASAZA, ce dernier de retour de KIYOMBO, créèrent la localité de KILUBI-NORD, près du village KABWIBWA, à la croisée des routes KONGOLO-KABAMBARE et SOLA-KALENGA.

En 1960, lors des troubles de l'indépendance de notre pays, arrivèrent à KILUBI-NORD les autres membres de la famille restés à KIYOMBO. Parmi eux : KITAMBALA, NZUZI, HABIBU, MWANA KASONGO MALEKANI, LUFUNDJA NSALULA ... Naturellement, la cohabitation entre l'équipe nombreuse en provenance de KIYOMBO et celle d'ALPHONSE KABUYU ne fut pas aisée ! Comme le dit un adage HEMBA « MBAYA MU CHISASA, YI MU KOBOGOTANGA », partout où les gens cohabitent, les querelles ne peuvent manquer.

DE TIRAILLEMENTS ENTRE ALPHONSE KABUYU ET LE GROUPE VENU DE KIYOMBO

Depuis les années 1960, on assiste à une affluence vers la localité de KILUBI-NORD des gens en provenance de KIYOMBO. Naturellement, les frères maternels d'ALPHONSE KABUYU ne voyaient pas cela d'un bon œil. Il fallait opposer KABUYU à ses frères paternels. Ainsi, en 1971, influencé par ses neveux qui habitaient la savane, devant un groupe nombreux venu de KIYOMBO, KABUYU commença à renier ses frères paternels. Ce fut le début des tiraillements entre les deux groupes frères.

En 1978, BALIMWACHA KASAZA mourut. Il fallait trouver un endroit pour son enterrement. La tension entre les deux familles monta, il fallait se référer à l'histoire. Déjà, pour éviter des mésententes, nos grands-parents n'avaient pas habité ensemble.

KASEMWANA, le grand-père de KABUYU, avait sa localité à LUSENGA, près de la source de la rivière MUKALAY, tandis que KITENGE CHA LUKWATA, notre grand-père, avait la sienne à NTUMBA.

En 1990, pour mettre fin à cette tension grandissante, le groupe venu de KIYOMBO tira sa fiche et créa la localité de KILUBI-NTUMBA, laissant ainsi KILUBI-NORD à la famille ALPHONSE KABUYU. Mais l'histoire ne s'arrête pas à ces deux familles sœurs.

LE DEPART DE KASENGO KA NTUNDU DE KILUBI-NTUMBA POUR LA LOCALITE NSENGO

KASENGO KA NTUNDU et LUKWATA LWA MPEMBA avaient été conviés par KANYENGELELE MWINE MAVU et MUYOVU de la localité KITUVI, en vue de partager un verre de vin (VINYU, MALWA, BINSUMBA,...).

Partis à deux, ils sont arrivés à KIKAZI où les attendait NKUNGWA MUKALA. Ensemble, ils ont cheminé jusqu'à KATONGO, dans la savane KALAMATA d'où ils ont rejoint KASONGO KIBAMBA. Le groupe arriva enfin à KITUVI, chez KANYENGELELE. Là ils ont trouvé MUSANGU CHIBAMBA qui provenait de la localité HAMBA, de l'autre coté de la rivière LUFANDO. Ils burent abondamment.

Notez que KASENGO KA NTUNDU était joueur d'un petit instrument de musique traditionnelle appelé LINKIMBI. Il possédait également une corne (LUSENGO) magique qui indiquait le mouvement du soleil dans sa rotation. Il portait ladite corne à son sein. Au moment de se quitter, KASENGO se laissa berner par MUSANGU CHIBAMBA qui lui demanda de l'accompagner chez lui à HAMBA. Sans mot dire à son frère LUKWATA, ils traversèrent la rivière LUFANDO pour toujours. KASENGO resté de l'autre coté de la LUFANDO, résida dans la localité NSENGO. Il y eut des enfants. C'est pourquoi on le surnomma MUSONGE (le courtisé, le séduit MUMBUBU NTUMBA). C'est l'actuelle famille de NGONGO YA KALENGA TALEME et KINO dans la localité BWANA NSENGO.

VOICI L'ARBRE GENEALOGIQUE DE LUKWATA LWA MPEMBA

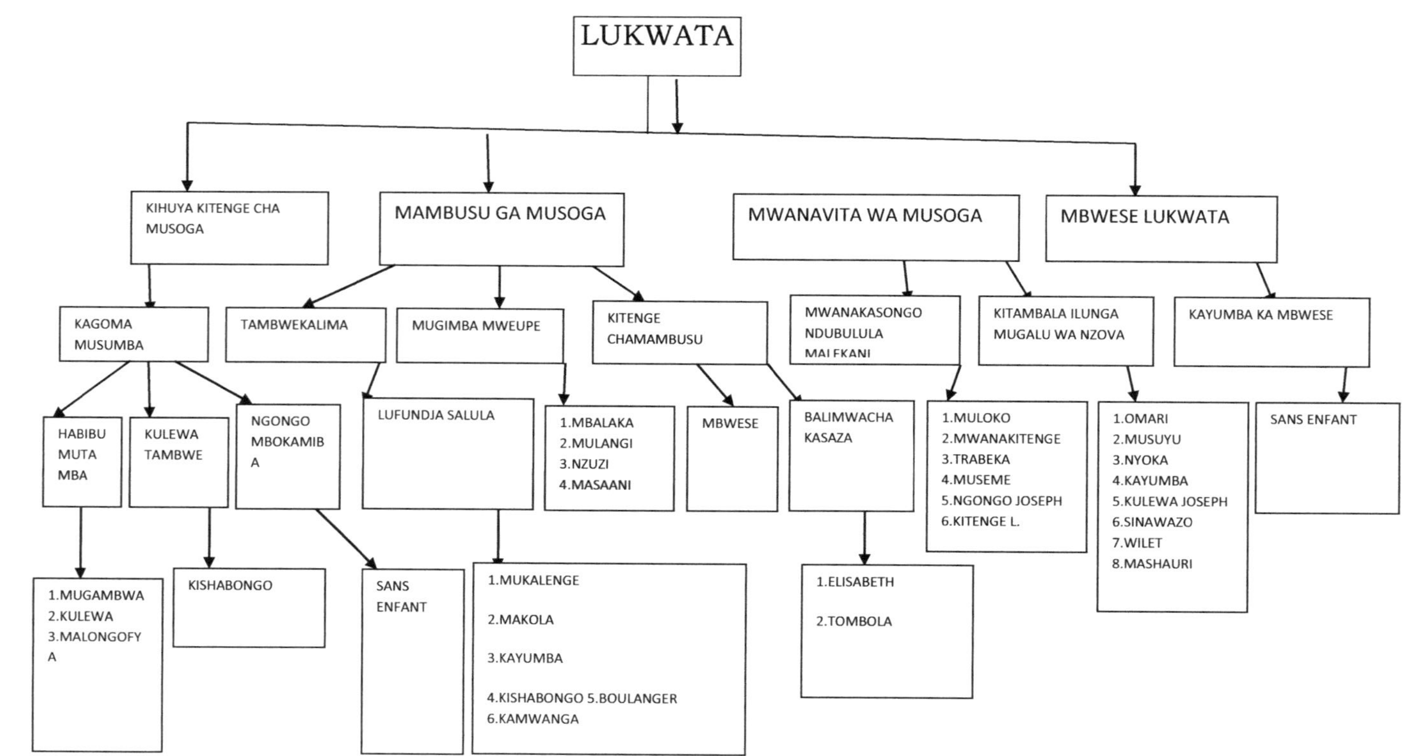

DE LA FAMILLE KIHUYA KITENGE CHA MUSOGA

KIHUYA était marié à deux femmes dont la première s'appelait NGHONGE, de la localité KILUMBU et la seconde s'appelait KIBENGE, de la chefferie MAMBWE. Avec NGHONGE, il a eu un enfant KAGOMA MUSUMBA. Ce dernier s'est marié à MUNTU HABAMUTAKE de CHONDE avec laquelle il a eu quatre enfants à savoir : HABIBU MUTAMBA, MALUVU, MUKAINA et KULEWA TAMBWE CHIBUMBU.

Avec KIBENGE de MAMBWE, KIHUYA a eu deux enfants : ALPHONSE MBOKAMIBA, et MUSOGA, la mère de DONATO LWENYI de la localité KALAWA, dans la chefferie de YAMBULA. Tenez que MBOKAMIBA n'a pas eu de progéniture.

HABIBU MUTAMBA s'était marié à deux femmes dont FATUMA KAHITE et BIMULOKO MACHUPA. Avec FATUMA, HABIBU a eu quatre enfants : MUGAMBWA JOSEPH, HABIONGOKE, HABITUMINIWE et MALONGOFYA NGOYI LEMBALEMBA. Avec BIMULOKO MACHUPA, HABIBU a eu deux enfants dont TULIZANIE et KULEWA TAMBWE CHIBUMBU.

KULEWA TAMBWE CHIBUMBU avait deux femmes. Avec la première, MAZUYA de MUGIZYA, sont nés MWISHABONGO et BINAZILI. De la seconde femme est née une fille HATUJUWE.

B. DE LA FAMILLE MAMBUSU GA MUSOGA

MAMBUSU GA MUSOGA s'est marié à MUZINGA MUTUNGULU de qui il a eu trois enfants dont MUGIMBA MWEUPE, KITENGE CHA MAMBUSU et TAMBWE KALIMA.

MUGIMBA MWEUPE s'est marié à MAKAYA de SOLA avec laquelle il a eu quatre enfants dont KITENGE MBALAKA, MULANGI MANDEFU, NZUZI MUGIMBA et FAILA NDAY. La deuxième femme de MWEUPE n'a eu qu'un enfant NGONGO MASAHANI. Ce dernier n'a pas eu d'enfant.

KITENGE MBALAKA s'est marié à deux femmes. De la première femme, il a eu une fille SIKUJUWA. Cette dernière n'a pas eu d'enfant. De la deuxième femme, il a eu quatre enfants dont MUGIMBA MAWAZO , ADISI MUGIMBA, MACHUKIZO et HAPATE.

MULANGI s'est marié à deux femmes. La première a donné naissance à une fille CECILE et la deuxième femme a donné naissance à une fille FURAISHA.

NZUZI s'est marié à deux femmes. De la première femme sont nés KAMWANGA SEFU dit DE QUARTIER et KAYEMBE MECHOHAYA, tandis que de la seconde est née FEZELA.

KITENGE CHA MAMBUSU s'est marié à MAGANGA de MAMBWE de laquelle il a eu deux enfants dont MBWESE qui n'a pas eu d'enfant et BALIMWACHA KASAZA. Ce dernier s'est marié à ANASTASIE de MUTINDI avec laquelle il a eu une fille ELISABETH la mère de SEFU. De sa seconde femme AZIZA de KABENGE, il a eu une fille TOMBOLA.

TAMBWE KALIMA est le père de LUFUNJA SALULA. Ce dernier a eu six enfants dont MUKELENGE LUSINDE, MAKOLA ERNEST, KAYUMBA RAJABO, KISHABONGO, BOULANGER, et KAMWANGA.

Ceci étant, nous allons parler des origines de la grand-mère MPEMBA MAGELA, la mère de LUKWATA.

DE L'HISTOIRE DE MPEMBA MAGELA

La tradition rapporte que LEYA NGANDU et MAHANDA NGANDU étaient deux sœurs qui étaient descendues avec le fleuve LUALABA (en provenance de BALUBA) qu'elles avaient traversé au niveau de KILUBULA pour s'installer à la localité de BASIMBI et BANGULUNGU, leurs parents. A cet endroit se trouvaient aussi MASALA GA NYANGA, BAKWA NYAMI, BANJULA MITENGA, BAFULA NYUNGU et BAZILA NKUTI.

C'est là que LEYA NGANDU donna naissance à quatre filles dont NYANGE LEYA, NKUNGWA LEYA, CHIBWE LEYA, et KAHIYA LEYA. Cette dernière s'est mariée à KANYOGA MUTANE avec qui elle a eu cinq enfants qui sont :

1. MWANGE KAHIYA : c'est l'actuel groupe qu'on trouve dans les localités de NZAZI, KIYOMBO et KABENGE dans la collectivité de YAMBULA ;

2. KABUNDI KAHIYA : c'est le groupe qu'on trouve dans la localité KANYE TIMA, dans la collectivité de YAMBULA ;

3. MBAWE KAHIYA : c'est le groupe qu'on trouve au croisement des rivières LUBWE et KIFUTU ;

4. MUGO KAHIYA : c'est la famille KABEMBA, LUBOMBO et leur sœur KABOMVE de la localité IMBA, collectivité de YAMBULA ;

5. KABEZYA KAHIYA MUKALA mariée à NGONGO MUKINDA de la localité KINTEBE en territoire de KABALO. Elle n'a eu qu'une fille, NGOMBE MUKINDA qui s'est mariée à KAMAZI, de la localité LWAMBO à KASANGA. Elle a eu trois enfants dont MUBAMBA NGOMBE, MUHOMBE et MULOYE.

MUHOMBE s'est mariée à MATAGA, de la localité CHONDE de qui elle a eu un enfant, LUHEMBWE MALIBA. Ayant divorcé d'avec MATAGA, elle s'est remariée à KALENGA BWANA, de la localité KIHOLE, chez les BALUBA YA BUKI. Elle a eu deux enfants dont KASONGO MUTEBA et MPEMBA MAGELA.

MPEMBA MAGELA s'est mariée à MALIMBA KU MPOMBO, actuelle localité de NSOGO, en chefferie de MUHONA. Elle a eu un enfant KITENGE CHA MPEMBA et a divorcé d'avec MALIMBA. Son fils KITENGE CHA MPEMBA engendra KAHEMPA. Ce dernier est le père de MWANANGOYI BUKULUTU qui engendra FUNDI et KABUNGO THOMAS. C'est la famille de YUMA LUBWE de la localité KEBA MUKINDA. C'est la descendance de MALIMBA KU MPOMBO de NSOGO.

MPEMBA MAGELA s'est remariée à MFABANA de BUGANA NTONDO BWA NTUMBA KU MBUBU. Là, elle a donné naissance à un fils, LUKWATA LWA MPEMBA MAGELA. Ce dernier s'est marié à MUSOGA MULINDA de qui il a eu trois enfants dont KITENGE KIHUYA, KASEMWANA NGONGO MAMBUSU et MWANAVITA WA MUSOGA.

DE LA FAMILLE MWANAVITA WA MUSOGA

MWANAVITA s'est marié à trois femmes. Avec la première femme, MUSOGA CHIHUNDU de la localité KAHAMBO KILUMBU, il a eu deux filles : LUBEBA et LEYA. Avec la deuxième femme ZUGU, de la localité MASANZA, chefferie de MAMBWE, il a eu un fils, MALEKANI KALEMA. Avec la troisième femme, NZOVA YA MUGANZA, de la localité KAHESHA, chefferie de NYEMBO, il a eu un fils, KITAMBALA ILUNGA MUGALU WA NZOVA.

Maman LUBEBA s'est mariée à KITAMBAY, dans la localité KIBUNGO, chefferie de NKUVU. Elle a eu sept enfants dont LUKAMBA NGOY, KAPOME, MUCHIMBA, BILASE, ASINA, NYOTA et MUZINGA. Maman LEYA n'a pas eu d'enfant.

MALEKANI KALEMA, devenu MWANAKASONGO MALEKANI, s'est marié à BIBI de la localité NSEBA, chefferie YAMBULA. Il a eu neuf enfants dont MULOKO, MWANA KITENGE, BILASE, FATUMA, BISIKIZYA LEOPOLD, MUSEME, NGONGO, BWEMA et KITENGE LANDRUME KIPUYA.

KITAMBALA ILUNGA MUGALU WA NZOVA s'est marié à deux femmes. Avec la première, ANJELANI CHALU CHA MAKAYA de KANKUNDE KILOSA, en chefferie de NKUVU, il a eu neuf enfants dont MAGANGA TUBIANGALIE, MUSUYU KIHUYA, LUBEBA BIBIKOSA, KAYUMBA CHUY devenu MWANAKASONGO LUKOMBO, JOSEPH KULEWA MUTINDI, CHUNGU

MUSICHOKE, MACHOZI MWANGE, KAZIYABO ET WILET.

De la deuxième femme, BIMULOKO MALUVU de la localité MAGEZI KASANGA, en chefferie MUHONA, il a eu huit enfants dont OMARI MWANAVITA, NYOKA KAYA, FEZELA BUFUMU, KIGULU CHA SHENDE MAYANGA, CHUKIYABO CHIBENGE, HABISEMWE LEYA, SINAWAZO KITAMBALA JEAN-PIERRE et MASHAURI MWANA NGOY.

Cela dit, nous allons examiner ce qui s'est passé dans les autres progénitures.

DES HOSTILITES ENTRE LES FAMILLES MUGO KAHIYA ET KABEZYA MUKALA KAHIYA

Pour rappel, MUGO KAHIYA et KABEZYA MUKALA KAHIYA étaient les filles de KANYOGA MUTANE. Tenez aussi que dans le régime patrilinéaire, les garçons ont de la préséance sur les filles. Ainsi, compte tenu du fait que KABEZYA MUKALA KAHIYA n'avait mis au monde que des filles, cela lui attirait le mépris et la maltraitance de la part des enfants de sa sœur MUGO KAHIYA. Ces derniers, forts de leur statut d'hommes, se sont accaparés de toutes les rivières et de tous les étangs qui constituent la source de richesse des populations riveraines le long du fleuve LWALABA. Pour rien au monde, ils ne pouvaient tolérer voir KABEZYA avec un poisson à la main sans le lui arracher.

Indignés par la souffrance de leur grand-mère, les petits fils de KABEZYA, entendu les enfants de MUHOMBE, de MUBAMBA NGOMBE et de MULOYE tinrent conseil auquel ils associèrent leur frère KASONGO MUTEBA de la localité KIHOLE, chez BALUBA YA BUKI.

KASONGO MUTEBA était réputé en fétiche de guerre qui neutralisait l'ennemi « DAWA YA KITIMU ». Ainsi, notre grand-père est parti de chez lui avec sa petite sœur MPEMBA jusqu'au village de leur mère MUBAMBA NGOMBE. C'est à partir de ce village qu'ils étaient partis attaquer la localité d'IMBA avec MPEMBA transportant le pot de fétiches de guerre à la tête du cortège, les guerriers la suivant par derrière. Il y eut beaucoup de morts et de fuites. Ils s'installèrent à IMBA. C'est la famille

MULUBWA et KASONGO MUTEBA, devenu MWANA KASONGO KANYUNGA. Ensuite se sont succédées les familles BENA HAYWE, représentée par KALILO KU LWANGA ; BAGANA BITOTE BAKALA, représentée par CHINTU NKUMU et BENA MUHEHE devenue LANGA BANA.

Ayant appris la nouvelle de cette occupation, CHUNGU CHA MBWESE, alors chef de la collectivité de YAMBULA, réunit toutes les notabilités de YAMBULA à IMBA en vue de rencontrer le nouveau chef de la localité de IMBA. Il fallait réconcilier les deux familles sœurs. En signe de réconciliation, il fut convenu que chacun des membres de deux familles apporta une pierre. Et le tas de pierres ainsi apportées constitua ce qu'on appelle « LUGULU LWA NSOMPA » c'est-à-dire la colline de NSOMPA à IMBA. C'est la limite entre les deux familles sœurs rivales. Cette limite part de la source de la rivière KIFUTU jusqu'au fleuve LWALABA. Il fut demandé à ceux qui avaient investi la localité d'IMBA, nos ancêtres, d'aller résider de l'autre côté de la rivière KIFUTU. MWANA KASONGO KANYUNGA rentré à MUKINDA, en guise de reconnaissance à sa sœur MPEMBA, donna le sultanat à la descendance de sa sœur.

C'est ainsi qu'après la mort de KANYUNGA, MALEKANI KALEMA, fils de MWANAVITA WA MPEMBA MAGELA, lui succéda et devint MWANA KASONGO NDUBULULA. A la mort de ce dernier, KAYUMBA CHUYI, fils de KITAMBALA CHA NZOVA et petit-fils de MWANAVITA, partit pour MUKINDA-KEBA avec une chèvre de « GAMBA » et une poule afin de récupérer ce sultanat.

La cérémonie se déroula devant les personnalités coutumières ci-après :

1. Le chef de localité BALEKE ;
2. KINO, le petit-fils de KASONGO MUTEBA, qui avait pris la poule ;
3. TAMBULA, le petit-fils de MWANA MULIMBIYI MUPENDA et petit-fils de LUHEMBWE MALIBA ;
4. MWANA KITENGE TWIKONKA.

Ainsi, le 30 octobre 2004, KAYUMBA CHUYI devint MWANA KASONGO LUKOMBO TWIBUNGE, le troisième après KANYUNGA, le grand-frère de MPEMBA MAGELA, à récupérer le sultanat de « MUTI » dans la localité KEBA.

Cela nous amène à passer en revue les enfants de MWANA KASONGO KANYUNGA dans la localité de MUKINDA-KEBA du clan « BALUMBWA ».

DE LA FAMILLE MWANA KASONGO KANYUNGA A MUKINDA-KEBA

MWANA KASONGO KANYUNGA a eu cinq enfants dont LUKUMBU, KASINDULA, MUTUNGULU, MUTUBWA et KITENGE KANYUNGA.

LUKUMBU eut trois femmes. De la première femme, il a eu un fils CHENGE, le père de MWANA KITENGE WA NONO. Ce dernier est le père de BRIKI KARIBU et de FUNGAFUNGA devenu KINU. Celui-ci est le père de SIMON BUYWEYWE. Avec la troisième femme, il a eu un fils MOKET devenu FINGILANGA. C'est le père de RAYMOND.

Notez que la deuxième femme n'a pas eu d'enfant.

KASINDULA, la sœur de LUKUMBU, s'est mariée à la localité KALAWA, chez LUKUKA de qui elle a eu un fils KABWE, le père de KILOLO. KILOLO est le père de LAURENT, lui-même père de DEOGRATIAS devenu MWANA KITENGE KABWE. Ce sultanat reste problématique.

KITENGE CHA KANYUNGA est la mère de MULUKA, lui-même père de POLEPOLE et de KAYA. Ce dernier est le père de FRANCOIS et d'EDOUARD.

La sœur MUTUNGULU a donné naissance à MARCEL KAVAVA, tandis que la sœur MUTUBWA a eu un fils MUFABULE.

Après cette famille, dans les lignes suivantes, nous allons parler de la famille LUBEBA LWA KALENGA.

DE LA FAMILLE LUBEBA LWA KALENGA

La tradition rapporte que KALENGA fut un chasseur du clan « BAZILA NZOVU » de la localité MAGEZI, collectivité de MUHONA. Dans ses activités de chasse, il est allé camper chez NKUNGWA MUKALA, le frère de MBWESE. Là, KALENGA va entretenir des relations coupables avec MBWESE jusqu'à l'engrosser. Devant cette situation, il est rentré chez lui à MAGEZI récupérer sa première femme KASAWILWA avec son fils MISOWE KALENGA.

KALENGA s'appelait KALENGE MUTABA (MUTABA est la tige en bois qui porte la lance). C'est le sobriquet qu'on lui avait donné car il portait partout sa lance. Avec MBWESE, KALENGA eut deux enfants : TABU LYA KALENGA LIMUONA MAGONDE et LUBEBA LWA KALENGA.

LUBEBA s'est mariée à KANONO KA LUMBU de KILENGE avec qui elle a eu deux enfants :

MUSANGA MULIMI et LUKOBO LWA MULIMI.

LUKOBO LWA MULIMI donna naissance à KASONGO, le père de MAGOBO. Celui-ci engendra BUKI, le père de KATOMBE. KATOMBE est le père de MAFUTA, devenu GUMBO et de PILIPILI MULAMBI. MUSANGA, la sœur de LUKOBO, s'est mariée à KUBEBA MULINDA de la localité KALULU MWENGE, actuellement localité de KATEBA. Elle eut cinq enfants :

1. KABIKA MULINDA, mariée à KALAWA où elle eut une fille, MUZINGA KINDA, elle-même mariée à

KILUBI MUKELENGE TAMBWE où elle a eu un fils MWANA KITENGE LUTABUKA ; sa sœur s'est mariée à PILIPILI KAGUMBU de la localité NSENGO. Elle a eu deux enfants : KIBUNDUGULU et LUKAMBA.

2. LEYA LYA MULINDA, mariée à KABWIBWA MULUNDA, est la mère de MBOGO LUHEMBWE qui est le père de NYUMBAIZA, MALUBANI et MUTALIMBA.

3. KIHINGO CHA MULINDA, mariée à KAZILA KA NTUMBA, du clan « MUZILA NDUBA » est la mère de NTUMBA YA KIHINGO qui est le père de MWANA KITENGE et de KALIMBA de la localité KIYOMBO.

4. NGONGO MULINDA n'a pas eu d'enfant.

5. MUSOGA MULINDA s'est mariée à LUKWATA LWA MFABANA de la localité BUGANA NTONDO YA KWI NTUMBA de qui elle a eu quatre enfants :

6. MBWESE LUKWATA, mariée à KANYOGA, chez les BAYASHI, a eu un fils, KAYUMBA qui, à son tour, n'a pas eu d'enfant ;

a) KITENGE KIHUYA
b) MAMBUSU GA MUSOGA
c) MWANAVITA WA MUSOGA.

Cette descendance ayant été examinée dans les pages précédentes, nous allons voir comment le sultanat de « BU MWANA KITENGE » s'est installé à KEBA-MUKINDA.

COMMENT LE SULTANAT DE « BU MWANA KITENGE » S'EST INSTALLE A KEBA

KASINDULA, la sœur de LUKUMBU, était mariée à KALAWA, chez LUKUNKA. Ils eurent un fils, KABWE. Ce dernier est mort empoisonné. Pris de colère, ses oncles partirent de KEBA pour aller récupérer le cadavre de leur neveu. A cette occasion, comme l'exige la coutume, les gens de KALAWA donnèrent aux oncles venus sept chèvres « MBUZI YA MBEBE ». Avec les sept chèvres, les oncles décidèrent de payer un sultanat (BUFUMU). Le premier à acquérir ce sultanat fut le fils de CHENGE du nom de WANONO MWANA KITENGE. Après son décès, MOKET KATALI succéda et prit le nom de MWANA KITENGE FINGILANGA. C'est le père de XAVIER PUNGWE, POMPIDU PUNGWE et RAYMOND PUNGWE. Après lui, EDOUARD succéda et devient MWANA KITENGE MUKONKA. Ceci nous permet de faire un pas en arrière pour plus de lumière.

LUKWATA avait quatre sœurs dont les noms ci-après :

- KIGALU CHA MFABANA
- KABIKA KA MFABANA
- MALUVU GA MFABANA
- KAMWANGA KA MPEMBA.

KIGALU CHA MFABANA s'est mariée à KASULU de BUGANA KONA d'où elle a eu MUSEMAKWELI, le père de BENDERA, EMMANUEL et GEOMINES.

KASEMWANA KABALE, dit KAMWANGA KA MPEMBA, a donné naissance à LUFINKINYA, le père de LEYA. Ce dernier est le père de SAFI LEYA, nom que MWANAVITA donna à sa fille LEYA.

Toutes sont les enfants de MFABANA de BUGANA NTONDO de NTUMBA. Cela dit, nous allons parler de la deuxième femme de MAMBUSU KASEMWANA NGONGO.

Ainsi, MBWESE, de la localité SALALA, fut la deuxième femme de MAMBUSU avec laquelle il a eu un fils TAMBWE KABINDU, le père de LUFUNDJA SALULA. Ce dernier est le père de MUKELENGE STEPHANO (ex LUSINDE), AZAMA, MAKOLA HERMES, KAYUMBA RAJABU et KAMWANGA TAMBWE avec sa première femme.

La deuxième femme de LUFUNDJA SALULA est la mère de KISHABONGO LUKOKO et de MAYALIWA BOULANGER.

Dans l'entretemps, le litige à régulariser sur la mort de LYEMO LYA MUGALU MPUYA persistait. Il fallait régler ce litige et purifier la savane souillée par la mort du précité.

REGULARISATION DU LITIGE SUR LA MORT DE LYEMO LYA MUGALU MPUYA

Plus haut, nous avons parlé de l'altercation entre KITENGE CHA LUSINDE et LYEMO LYA MUGALU MPUYA, laquelle altercation avait conduit à la mort de ce dernier. Il fallait dédommager sa famille et purifier la savane souillée par le sang de la victime.

Ainsi, en 1998, BALIMWACHA KASAZA mourut. Son enterrement suscita un désordre avec les petits-fils de TALA KASEMWANA LUHEMBWE qui voulaient que BALIMWACHA soit enterré à KIYOMBO, chez ses oncles paternels. C'est la famille ALPHONSE KABUYU, le père de MWALIMU YAKOBO. Cette dernière alla porter plainte contre KAYUMBA CHUY auprès du chef KALINGA, le Grand chef de BENA-NKUVU. Celui-ci réunit toutes les notabilités de la chefferie afin de statuer sur le cas.

Dans ce procès, KAYUMBA eut tort pour deux raisons :

1. Ses ancêtres avaient fait tuer LYEMO et les amendes exigées n'avaient jamais été payées. Il fallait d'abord les payer.

2. Ses ancêtres avaient perdu toute une savane dans une histoire de femme sans en aviser leurs frères et s'étaient enfuis chez leurs oncles à KIYOMBO. Il fallait payer quelque chose pour apaiser la colère de ses frères.

Ainsi, devant toutes les notabilités de la chefferie, il fut décidé que KAYUMBA s'acquittât de toutes les amendes en vue de régulariser toutes les situations. Il devait payer sept chèvres pour le décès de LYEMO, à donner aux petits-fils de KALENGA KA MBULI. C'est l'actuelle famille de MWANA KITENGE MUSAFILI à SOLA. En plus, KAYUMBA devait donner sept chèvres à son frère MWALIMU YAKOBO pour le calmer de la perte de la savane. KAYUMBA s'exécuta.

Mais MWALIMU YAKOBO, influencé par ses neveux et la famille MUSAFILI, ne voulait plus que KAYUMBA payât. Indignés par cette attitude, le chef KALINGA et toutes les notabilités de la chefferie réunies, décidèrent qu'à dater de ce jour, les petits-fils de KITENGE CHA LUSINDE se sont acquittés de toutes les amendes dans la savane KILUBI et sont rentrés dans leurs droits.

Ainsi, les chèvres furent réparties entre les différentes notabilités présentes, à savoir, le chef KALINGA, GRAND CHEF DE BENA NKUVU, en présence des juges ci-après :

- L'ex-chef KIBAYULA BRIKI de KILUBI MUKELENGE TAMBWE
- Le chef MWISIKWA de KILUMBU
- Le chef MULAMA LUFU de KANKUNDE KITENGE
- Le chef KAHETWA de KABWIBWA
- Le chef NSINA de KANKUNDE KILOSA
- Le chef MUTWIBWA de SOLA
- Le chef KAHAMBO LUBUNGA
- Le chef MWANA LUHEMBWE NSIKWA de KALENGA
- Le chef MULOKO WA SANDUKU de KILUBI MUKELENGE TAMBWE
- Le chef MUTANDALA de MUGIZYA MWANA NGONGO
- Le chef KONKENYE de VUMBI KABUNDI
- Le chef MUKINDA MWANA TAMBWE de KIYOMBO

- Le chef MUKOMONO de NDOLANGA et la liste fut longue…

Ensuite, il fallait procéder à la cérémonie de purification de la savane souillée par le sang de LYEMO. Notez que la famille MUSAFILI comprendra, mais un peu plus tard, qu'elle avait été dupée en refusant de percevoir les sept chèvres leur destinées dans la régularisation du litige autour de la mort de leur grand-père.

DEROULEMENT DE LA CEREMONIE DE PURIFICATION DE LA SAVANE KILUBI SOUILLEE PAR LE SANG DE LYEMO

En 1994, KAYUMBA CHUY réunit KAMWANGA SEFU dit DE QUARTIER, MWISHABONGO, fils de KULEWA, MAKOLA HERMES, LEOPOLD BISIKIZYA pour étudier les modalités de purification de la savane KILUBI du sang de LYEMO. Ils décidèrent de porter le problème devant le chef KALINGA. Ce dernier consentit et la date de la cérémonie fut convenue.

Ainsi, le 22 juillet 1994, furent réunis à la localité de KILUBI-NTUMBA, le chef KALINGA qu'entouraient BAVUYE, le petit-fils de LYEMO et les chefs de localités suivantes :

- MWISI de KILUMBU
- FUNKWA de KAGULU BALENGE (KATEBA)
- KAHETWA de KABWIBWA
- MUTWIBWA de SOLA
- MULAMA LUFU de KANKUNDE KITENGE
- MWANA LUHEMBWE NSIKWA de KALENGA
- MULOKO BIN SANDUKU de KILUBI MUKELENGE TAMBWE
- Notable LITONO de KILUBI-NORD.

La famille KAYUMBA sortit quatre chèvres réparties comme suit :

- Une chèvre pour le chef KALINGA
- Une chèvre pour les notables

- Une chèvre pour BAVUYE, le petit-fils de LYEMO, qui devait adresser un mot pour apaiser les mânes de ses ancêtres « MUTOTO ou LUSANZO »
- Une chèvre qui devait être immolée en victime expiatoire « CHIMASI ».

Après avoir tué la chèvre expiatoire, le chef KALINGA prit de l'eau dans un bassin, en aspergea la terre en prononçant ces paroles en langue locale que nous traduisons en français de la manière suivante : « **Aujourd'hui nous venons de laver la terre de la savane KILUBI du sang de LYEMO. Par ce sang de la chèvre immolée, KAYUMBA vient de nettoyer cette terre et de jeter ce sang qui coulera des rivières TUMBA, KATOKA MEMA, MAMBA MAKWANYA, MBALA KABONDE, SUMBWE et KISALWE MUKALAY vers MUKALAY de YAMBULA jusqu'au fleuve LUALABA** ». Ensuite, il aspergea leurs pieds de l'eau restante. Le chef KALINGA conclut solennellement « **Ainsi prend fin, ce jour, le litige laissé par les ancêtres** ».

Mais compte tenu du fait qu'il n'y avait plus d'entente avec les petits-fils de TALA KASEMWANA dans la localité KILUBI-NORD, KAYUMBA obtint du chef KALINGA sa fiche et créa la localité de KILUBI-NTUMBA. Lui-même devint MWANA KASONGO LUKOMBO TWIBUNGE de BAGANA NTONDO de MBUBU TUMBA.

Cela étant, il nous restera à parler de la famille MWANA KASONGO MALEKANI fils de MWANA VITA.

DE LA FAMILLE MWANA KASONGO MALEKANI

MWANA KASONGO MALEKANI, fils de MWANAVITA, eut neuf enfants dont :

1. MULOKO MWANAVITA, marié à BEMBELEZA de KALENGA avec laquelle il a eu cinq enfants : HASTUKE BILONDA, AWEZAI, la mère de LAMBERT MIKA de NKULULA, AMURI KITENGE, BIBI, mariée à NSASA KANENGWE et MACHOZI, mariée à KANKUNDE KILOSA.
2. BIKANYAWA, mariée à MUKANDILWA de KABENGE et mère de MATESO MWANA TAMBWE NKUYA et les autres.
3. FATUMA EUDOXIE, mariée à BRIKI de NUNGU est la mère de MWALIMU DOMITIEN MWACHA.
4. BWEMA, mariée à BIKENE de MUGUMO est la mère de LEYA et autres ...
5. MUSEME est le père de MASIMANGO et autres ...
6. JOSEPH NGONGO est le père de NYEMBO GWA TALA
7. KITENGE LANDRUME est le père d'ANDRE KITENGE
8. MWANA KITENGE n'a pas eu d'enfant
9. LEOPOLD BISIKIZYA TRABEKA est le père de KAVAVA, KALEH, KIPAIPO, KASONGO KITAMBALA ...

Dans la suite nous allons parler de la famille KITAMBALA CHA MWANAVITA.

DE LA FAMILLE KITAMBALA CHA MWANAVITA

KITAMBALA CHA MWANAVITA, comme nous l'avions déjà dit, était marié à deux femmes. De la première femme CHALU CHA MAKAYA, il a eu neuf enfants dont :

1. MAGANGA TUBIANGALIE, mariée à MUTEBA KISANGANI de KABIKA de qui elle a eu HABIONGOKE, LUHEMBWE SADIKI, WILET KASONGO, MUSUYU, ...
2. MUSUYU KIHUYA BWANAMULOKO, marié à SELENA WA KOTI de KANGULUNGU de laquelle il a eu NZOVA ANTOINETTE, mariée à MUGIZYA MWANA NGONGO ; POKEYE, mariée à KOSI KALALA chez SULUBIKA ; ZAINA, mariée à LUMWANGA chez KAFULA LWAZO ; MASEMO KITAMBALA.
3. LUBEBA ALIKOSA, mariée à KITENGE MAINDI YOMBO de KILUMBU avec qui elle a eu CHEKO, MUTOBO, KITAMBALA, MWANA KASONGO et CHUKIYABO.
4. KAYUMBA CHUY dit MWANA KASONGO LUKOMBO, marié à trois femmes, dont COLETTE de BWANA KUNGWA, la mère de MALAMU EUPHRASIE, elle-même mariée à IMBA chez MWALIMU SANGO MASUMBUKI et mère de COLETTE. Avec ZAMBIYABO de NDOLANGA, il a eu NZOVA, mariée à XAVIER de KALENGA et mère de KAHAMBO, OMARI ; MUWEZE mariée à MWEKA chez TOMBOLA et mère de SANGWA ; NYANGE, mariée à NSENGO et mère de DOMINIQUE ;

LUBEBA, mariée à NZIKA ; NYOKA et FATUMA, mariée à KABUNDI chez MBEKO. Avec HAYABO de KIBUNGO, il a eu SANGO, mariée à TUNKULI chez MWANA KASONGO et mère de SAMSONI.

5. JOSEPH KULEWA TAMBWE MUTINDI, marié à MALUVU KAHAMBO de MOBA de qui il a eu huit enfants : ANJELANI CHALU, mariée à FREDDY KABEMBA de MUKOKO et mère de ASINA, KULEWA.. ; MAGANGA, mariée au BULUBA chez HERVE et mère de MANDE, KULEWA et... ; KAHAMBO KITAMBALA, père de KULEWA et... ; OMARI KITAMBALA ; ILUNGA KITAMBALA ; FATUMA ; RIZIKI et MUSUYU.
6. CHUNGU MUSICHOKE mariée à GASTON MAYIBWE de la localité MUTEBA de qui elle a eu une fille KATUNTU BIOZE.
7. MACHOZI MWANGE, mariée à MODESTE BAZILE de KIBAMBA de qui elle a eu MUSUMBA, KAYUMBA, LUBUSU, MALALI, ANJELANI, LUBUNGA et MUKAINA.
8. KAZIYABO, mariée à GERARD MBONGO de KIFITA de qui elle a eu : MPUMINA, SANGWA, MAUWA, KITAMBALA, NSELEKETE, MUSICHOKE, ANJELANI, ...
9. WILET KITAMBALA, marié à deux femmes. Avec la première, il a eu KAYUMBA, MWAYUMA, KULEWA, MUSICHOKE, KASONGO. Avec la deuxième ZAINA, il a eu HABISEMWE, SINAWAZO KITAMBALA, ...

Avec la deuxième femme, BIMULOKO MALUVU de MAGEZI KASANGA, KITAMBALA eut huit enfants dont :

1. OMARI MWANAVITA, marié à YUNGWE CLEMENTINE de NONGE de qui il a eu NZOVA SUZANNE, sans enfant ; ANNA BIMULOKO, mariée à KANKUNDE KILOSA et mère de KATUNTU et autres ; VINCENT KITAMBALA ; EMMACULATA, mariée à KAHENGA d'où elle a eu SUZANNE et autres ; OMARI KABWANA ; CHUNGU, mariée à BUYOVU sans enfants ; NYOKA CELESTIN ; MARIE CLAIRE, mariée à KINGULUNGU chez CESAR de qui elle a eu KAPUNDA, puis remariée à KATUNTU MAHANGAIKO de KIYOMBO MAHENGE d'où elle a eu KIMWANGA et autres ; CHIUNA, mariée à BUYOVU chez NGONGO de qui elle a eu OMARI et autres ; YUNGWE GABRIEL ; KAYUMBA BONNY et MAMI KITENGE, mariée à KALENGA, chez NYUMBAIZA, d'où elle a eu CLEMENTINE.
2. NYOKA KAYA CELESTIN, marié à ZUANA de MBULULA avec laquelle il a eu GILBERT KITAMBALA ; FATUMA, mariée à KIUNGU, chefferie de NYEMBO ; MWAYUMA, mariée à KASHENGA, chez NGANGA, d'où elle a eu NYOKA et autres ; TUFANYAYE, mariée à LUMWANGA chez YELEMI.
3. BUFUMU FEZELA n'a pas eu d'enfant.
4. CHIGULU, mariée à NYANGA, chez KALASISI de qui elle a eu KALASISI, LOMOYA et autres.
5. CHUKIYABO, mariée à MUGIZYA MWANA NGONGO, chez SUMBA de qui elle a eu MAMBO, ensuite remariée à NTUTU, chez MACHOHAYA de qui elle a eu MUSUYU et MUTEMBELA.
6. HABISEMWE LEYA, mariée à BUSEBA, chez MASIMANGO, de qui elle a eu NYOKA, KITAMBALA, et autres.

7. SINAWAZO KITAMBALA JEAN-PIERRE, marié à MUTANDE de qui il a eu KALENGA TCHUY EMMANUEL, MWANGE KITAMBALA SOLANGE, CHUKIYABO KIBENGE ; puis à BENIGNE d'où il a eu THEOPHILE MIVUMBI KITAMBALA ; JUDITH KITAMBALA ; ESPERANCE BIMULOKO KITAMBALA et JEAN-PIERRE KITAMBALA.
8. MASHAURI MWANA NGOY MWAYU, marié à MACHOZI de KINGULUNGU de qui il a eu FEZELA BUFUMU ; KITAMBALA et autres.

Dans la suite, nous allons parler des enfants de MWEUPE de la manière ci-après :

DES ENFANTS DE MBALAKA WA MWEUPE

MBALAKA n'a eu que deux filles qui sont :

- SIKUYUWA, mariée à KAMUKISI chez LIPU, mais n'a pas eu d'enfant.
- APATE, mariée à MUGIZYA MWANA NGONGO chez MASAANI.

DES ENFANTS DE MULANGI WA MWEUPE

MULANGI a eu également deux filles qui sont :

- CECILE, mariée à MUGIZYA MWANA NGONGO chez KAPITENI de qui elle a eu MBALUKU.
- FULAISHA, mariée à MUGIZYA chez DISASI de qui elle a eu NYEMBO.

DES ENFANTS DE NZUZI YA MWEUPE

NZUZI YA MWEUPE s'est marié à deux femmes :

Avec la première femme, il a eu deux enfants qui sont :

- KAMWANGA SEFU, dit DE QUARTIER, marié à sept femmes qui lui ont donné les enfants ci-après : FULAISHA, mariée à BILILA ; FAILA NDAYA ; NGONGO MASAANI ; NITE ; MWANGE, la mère de JOSEPH TOMBE ; KAMWANGA ; CHUY.
- KAYEMBE MECHOHAYA, marié à AMUNAZO de qui il a eu SYLVESTRE NZUZI ; KALENDA ; KULEWA et MAKONDE, mariée à KEBA ; AMUNAZO, mariée à BILILA et BADEUX, mariée à MUNONO.

Avec sa deuxième femme, NZUZI a eu une fille, FEZELA.

A la fin de compte, les enfants ou plutôt la famille de BAGANA NTONDO DE KILUBI-NTUMBA s'est élargie au point que j'ai de la peine à descendre, aujourd'hui, dans les détails. Je laisse la tâche à chacun des membres et à tout lecteur de bonne foi d'apporter sa pierre à cette modeste contribution, tout en espérant que nos enfants s'y retrouveront !

JOSEPH KULEWA MUTINDI WA KITAMBALA

TABLE DES MATIÈRES

Printed by Books on Demand GmbH, Norderstedt / Germany